CATALOGUE

DES

FAIENCES ANCIENNES

HISPANO-MAURESQUES, ITALIENNES
HOLLANDAISES ET FRANCAISES

Suite importante

DE

FAIENCES DE DELFT

TELLES QUE

Vases à fond noir. Pièces dorées, Groupes et Statuettes

PLAQUES, ASSIETTES, PLATS A DÉCORS BLEU ET POLYCHROME

COMPOSANT LA COLLECTION DE M. AROSA

ET DONT LA VENTE AURA LIEU

HOTEL DROUOT, SALLE N° 6

Les Lundi 4 et Mardi 5 Mars 1895

A DEUX HEURES

COMMISSAIRE-PRISEUR
Me PAUL CHEVALLIER
10, rue de la Grange-Batelière, 10

EXPERT
M. CHARLES MANNHEIM
7, rue Saint-Georges, 7

EXPOSITIONS

PARTICULIÈRE : *Le Samedi 2 Mars 1895*

PUBLIQUE : *Le Dimanche 3 Mars 1895*

DE UNE HEURE ET DEMIE A CINQ HEURES ET DEMIE

CONDITIONS DE LA VENTE

Elle sera faite *expressément* au comptant.

L'acquéreur payera *cinq pour cent* en sus des enchères.

L'exposition mettant le public à même de se rendre compte de l'état des objets, aucune réclamation ne sera admise une fois l'adjudication prononcée.

Paris. — Imprimerie de l'Art, E. Moreau et Cie, 41, rue de la Victoire.

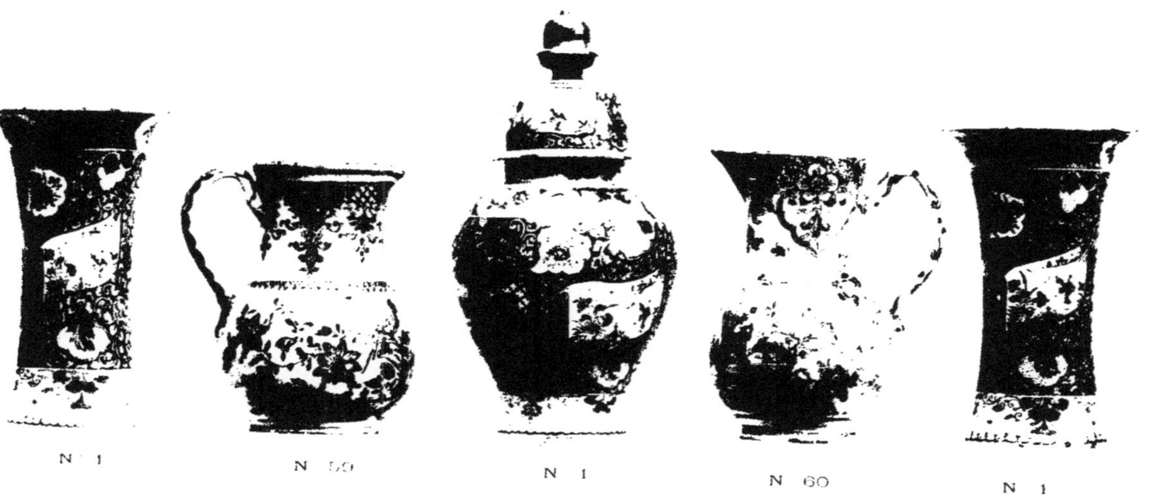

N° 1 N° 59 N° 1 N° 60 N° 1

Phototypie Berthaud, Paris.

DÉSIGNATION DES OBJETS

FAIENCES ÉTRANGÈRES

FAIENCES DE DELFT

A FOND NOIR

1 — Garniture de trois pièces : potiche couverte et deux cornets à fond noir rehaussé de fleurs arabesques polychromes et réserves en forme de rouleaux ouverts présentant des paysages de style chinois, en couleurs et bordées de dorure.

Haut., 36 cent. et 26 cent.

FAIENCES DE DELFT

REHAUSSÉES DE DORURE

2 — Cartel porte-montre de forme contournée, à rocailles et décor polychrome, rehaussé de dorure à fleurs et ornements.

Haut., 32 cent.

3 — Statuette de femme assise, décor polychrome, rehaussé de dorure.

Haut., 16 cent.

4 — Deux dessus de brosses ovales, décor polychrome, à médaillon : Entrée de port de mer et bordure de fleurs rehaussée de dorure.

Long., 15 cent.

(Collection du docteur Mandl.)

5 — Soupière ovale à deux anses et à couvercle surmonté d'une attache ornée : décor polychrome rehaussé de dorure, à médaillons : Vue de Hollande, encadrés d'ornements rocaille et de fleurs. A l'intérieur, branche fleurie et oiseaux. Marque V. A.

Haut., 18 cent.; larg., 28 cent.

6 — Beurrier couvert, décor polychrome rehaussé de dorure, de style chinois, à médaillons de paysages et fleurs dans lesquels le rouge domine.

Diam., 12 cent.

7 — Porte-huilier et ses deux burettes, décor de style japonais, à fleurs et ornements en bleu, rouge et or. Marque A. P. K. (Pynacker).

Hauteur totale, 15 cent.

(Collection du docteur Mandl.)

8 — Boite couverte de forme carrée à angles coupés et profilés, décorée de bouquets de fleurs polychromes rehaussées d'or. Le couvercle est surmonté d'un négrillon assis.

Haut., 20 cent.

(Collection du docteur Mandl.)

9 — Vase en forme de gourde, à huit pans. Riche décor de fleurs et d'ornements polychromes, partie sur fond bleu et rehaussé de dorure. Marque L. P. K.

Haut., 21 cent.

10 — Deux chevaux passant et se faisant pendants, décor polychrome rehaussé de dorure.

Haut., 22 cent.

11 — Statuette de femme debout tenant un serpent : Cléopâtre (?), décor bleu et rouge rehaussé de dorure.

Haut., 16 cent.

12 — Plat rond dit *au menuet*, décor polychrome rehaussé d'or : Danseurs et vielleurs dans un paysage. Au pourtour, ornements, fleurs et deux portées de musique intitulées : *Menuet*, les personnages dans le goût des maîtres français du XVIIIe siècle.

Diam., 35 cent.

13 — Plat rond, à décor de style japonais en bleu, rouge et or : Femme et enfant près d'une habitation. Marque A. P. K.

Diam., 34 cent.

14 — Deux plats ronds à bords festonnés, décor polychrome rehaussé d'or, à fleurs et oiseau.

Diam., 35 cent.

15 — Assiette, décor polychrome rehaussé de dorure : au fond, kiosque sur les eaux et navire hollandais. Au marli, quatre motifs d'ornements et fleurs.

Diam., 22 cent.

16 — Assiette, décor polychrome rehaussé d'or : au fond, rocher fleuri et oiseaux dans une couronne de feuilles rouges ; au marli et à la chute, fleurs et ornements.

Diam., 22 cent.

17 — Assiette, décor bleu, rouge et or, de style japonais : au fond, corbeille de fleurs dans un galon bleu à fleurs de lis et quadrillages d'or ; au marli et à la chute, galon orné et lambrequins alternant en bleu et en rouge avec rehauts d'or.

Diam., 23 cent.

18 — Assiette, décor polychrome rehaussé de dorure, de style japonais : Femme debout tenant des branches de fleurs et enfant dansant ; à droite, rochers fleuris ; à gauche, une table sur laquelle repose une jardinière.

Diam., 22 cent.

19 — Assiette, décor bleu, rouge et or, de style japonais : au fond, rocher, haie, fleurs et oiseaux ; au marli, lambrequins rouges et feuilles bleues.

Diam., 22 cent.

20 — Petit plat à décor de style japonais en bleu, rouge et or : au centre, un vase de fleurs ; au pourtour, trois compartiments de paysages, trois autres à vases de fleurs et entredeux à rosaces en bleu et or sur fond bleu.

Diam., 25 cent.

21 — Deux assiettes, décor polychrome rehaussé d'or de style japonais : au fond, rocher fleuri et animal à longue queue ; au pourtour, compartiments de fleurs et d'oiseaux avec fleurs sur fond bleu dans les entredeux. Marque A. P. K. en rouge.

Diam., 22 cent.

22 — Assiette, décor polychrome rehaussé de dorure : au fond, rocher fleuri et oiseau ; au marli, fleurs arabesques et rinceaux. Marque A. P. K.

Diam., 22 cent.

FAIENCES DE DELFT

PLAQUES A DÉCOR POLYCHROME

23 — Plaque à angles rentrants et arrondis, décor polychrome de style chinois représentant un parc avec habitations, oiseaux, fleurs, et une figure de femme. Bordure à fleurs et quadrillages.

Haut., 27 cent.

24 — Plaque carrée à contours, décorée d'un paysage avec figure de bergère en camaïeu bleu et encadrée d'ornements et de fleurs en relief émaillés en couleurs.

Haut., 28 cent.

25 — Deux petites plaques ovales, décor polychrome : sur l'une, groupe de trois figures ; sur l'autre, jeune garçon jouant de la flûte dans un paysage.

Haut., 17 cent.

26 — Plaque carrée à angles coupés et à contours, décor polychrome représentant un vase de fleurs et des oiseaux. Bordure à moulures décorée en rouge.

Haut., 27 cent.

27 — Plaque de même forme, décor polychrome de style chinois, femme debout près d'une habitation et dans un parc avec fleurs, haie et oiseaux.

Haut., 27 cent.

28 — Plaque carrée : au fond, bouquet de fleurs en manganèse. Bordure de rocailles et fleurs en relief à décor polychrome.

Haut., 27 cent.

29 — Plaque rectangulaire en hauteur, décor polychrome : Jeune seigneur offrant des fleurs à une jeune femme assise et vue à mi-corps qui tient une corbeille de fleurs ovale de ses deux mains.

Haut., 29 cent.

30 — Plaque losangée et à contours à décor composé d'un enfant nu, d'oiseaux et de fleurs en bleu et de rocailles en brun. Bordure de rocailles en jaune et manganèse.

Haut., 34 cent.

31 — Deux petites plaques en hauteur de forme contournée, décorées chacune d'un bouquet de fleurs polychromes et avec encadrement composé d'ornements rocaille en relief.

Haut., 25 cent.

32 — Plaque à angles arrondis et rentrants, décor polychrome de rochers fleuris, kiosques et oiseaux. Bordure de fleurs sur fond pointillé de bleu.

Haut., 27 cent.

33 — Plaque carrée à fond jaune et moulure émaillée violet : au centre, jeune femme vue à mi-corps tenant un éventail en camaïeu bleu.

Larg., 21 cent.

34 — Plaque ovale à contours, décor polychrome : large écusson d'armoiries avec au-dessus la date 1763 et au-dessous les noms : *Horstidan Aasteke*. Bordure à quadrillages variés de tons.

Haut., 34 cent.

35 — Plaque simulant une cage, décor polychrome.

Haut., 25 cent.

36 — Plaque simulant un kiosque chinois avec colonnettes en relief, sous lequel sont divers personnages dont deux prennent du thé. Décor polychrome.

Haut., 32 cent.

37 — Plaque losangée et à contours, décor bleu représentant un paysage hollandais avec cours d'eau et personnage. Bordure à décor polychrome composée d'ornements rocaille en relief.

Haut., 33 cent.; larg., 35 cent.

38 — Petite plaque en hauteur et à contours, décor polychrome à ornements dans le goût de Bérain, draperie, fleurs, mascaron, etc. Au bord, compartiments de fleurs et entredeux à fond bleu.

Haut., 25 cent.

39 — Plaque en hauteur et à contours avec encadrement composé de rocailles en relief émaillées en jaune, manganèse, vert et bleu. Au centre, une scène peinte en camaïeu bleu à deux personnages, jeune fille vue à mi-corps et jeune garçon portant un tonneau sur une brouette. Ce sujet est entouré de fleurs polychromes peintes sur un fond violacé.

Haut., 36 cent.

40 — Plaque à angles arrondis et rentrants, décor polychrome. Au centre, un bouquet de fleurs; au pourtour, encadrement formé de fleurs sur fond noir.

Haut., 22 cent.; larg., 22 cent.

41 — Petite plaque à contours en hauteur à sujet de personnages dans un paysage en camaïeu bleu et bordure d'ornements rocaille en relief à décor polychrome.

Au revers, en creux, les lettres C. V. S.

Haut., 24 cent.

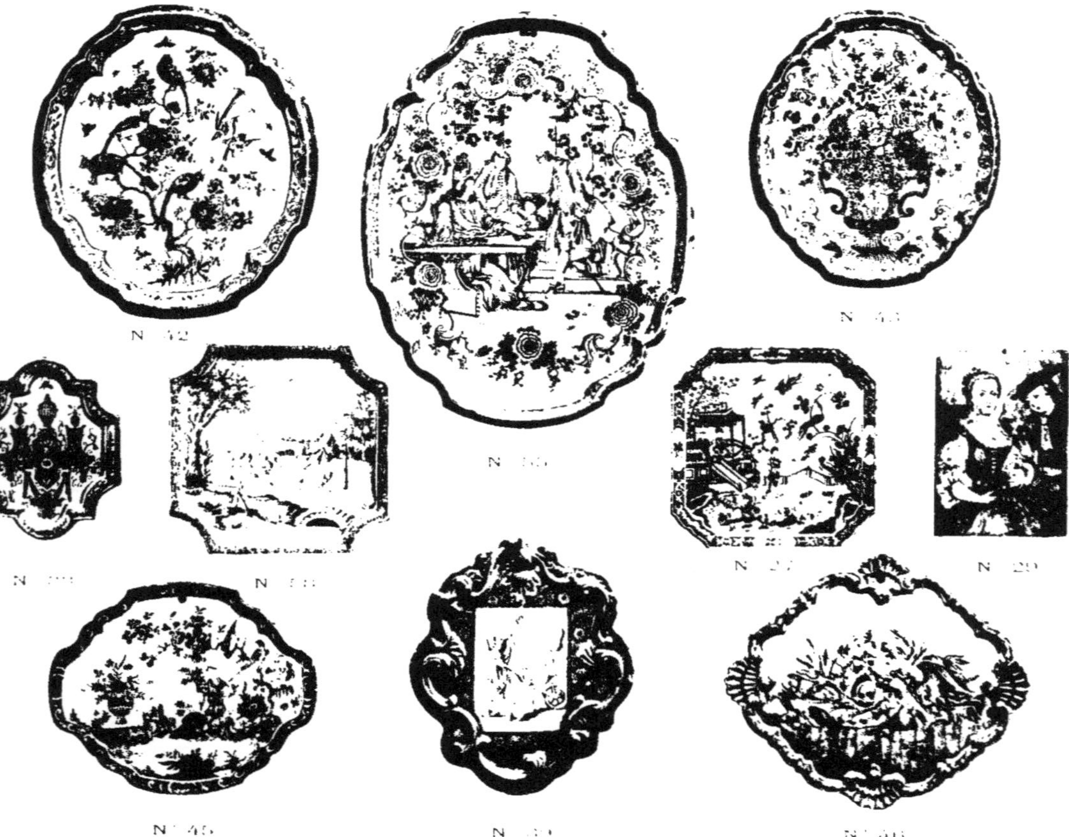

42 — Plaque ovale en hauteur et à contours, décor polychrome à branche fleurie et oiseaux. Bordure à compartiments ornés et entredeux à fleurs et oiseaux.

Haut., 42 cent.

43 — Plaque de forme analogue, décor polychrome représentant un vase de fleurs et des oiseaux. Sur le vase, un buste de femme en camaïeu bleu. Bordure de rocailles et fleurs.

Haut., 38 cent.

44 — Plaque en hauteur et à contours, décor polychrome, composé d'arbustes fleuris, d'une haie et d'oiseaux. Bordure composée de feuilles sur fond bleu.

Haut., 33 cent.

45 — Plaque oblongue à contours, décor polychrome de style chinois, personnages dans un parc fleuri, vase de fleurs et oiseaux. Bordure de rinceaux et feuillages sur fond rouge.

Larg., 36 cent.

FAIENCES DE DELFT

PLAQUES A DÉCOR BLEU

46 — Plaque oblongue en largeur avec encadrement composé d'une moulure et de quatre coquilles. Décor bleu représentant le triomphe d'Amphitrite.

Larg., 41 cent.

47 — Plaque carrée à angles arrondis et rentrants à décor bleu se présentant en losange et composé de branches fleuries et d'oiseaux. Bordure à rinceaux et feuilles.

Larg., 31 cent.

48 — Plaque oblongue à contours à bord godronné : décor bleu représentant un combat d'oiseaux. Le médaillon en légère saillie est encadré d'ornements et l'attache supérieure est formée d'une coquille.

Larg., 26 cent.

49 — Petite plaque oblongue à contours, décor bleu, arbustes fleuris et oiseaux. Bordure de fleurs arabesques et attache à la partie supérieure de la plaque.

Larg., 25 cent.

50 — Plaque carrée à angles arrondis et rentrants; décor bleu : Jeune flûtiste s'appuyant sur une basse. Près de lui, un motif de rocailles et un vase de fleurs.

Haut., 22 cent.

51 — Plaque, offrant en manganèse le même sujet que la plaque qui précède.

Haut., 23 cent.

52 — Plaque rectangulaire, décor bleu, chasseur entouré d'attributs divers, dans une bordure composée de rocailles et de fleurs. Dans le bas, une inscription hollandaise et au revers la date de 1770. Cadre en bois noir.

Larg., 21 cent.

53 — Plaque rectangulaire, décor bleu. Personnages dans un parc avec, au fond, un petit château.

Larg., 33 cent.

54 — Petite plaque carrée à décor bleu rehaussé de manganèse. Personnage vu à mi-corps placé sous un arceau à plein cintre et tenant un nid d'oiseaux. Dans le bas, une longue inscription. Cadre en bois noir.

Larg., 12 cent.

55 — Grande plaque ovale et à contours, décor bleu et rehauts de vert. Elle représente une scène tirée de la parabole de l'Enfant prodigue encadrée de fleurs et de rocailles. Moulure formant bordure décorée de rinceaux réservés sur fond bleu.

Haut., 56 cent.

56 — Plaque rectangulaire, décor bleu, personnage en train de traire une vache. Au pourtour, moulure émaillée jaune.

Larg., 25 cent.

57 — Plaque à angles arrondis et rentrants, décor bleu de style chinois, collation dans un paysage. Bordure à moulures décorée de fleurs.

Haut., 26 cent.

58 — Plaque à angles arrondis et rentrants, décor bleu représentant la Fuite en Egypte. La moulure formant cadre est couverte de rinceaux sur fond bleu.

Haut., 28 cent.

FAIENCES DE DELFT

PIÈCES DE FORME A DÉCOR POLYCHROME

59 — Pot à une anse, décor polychrome. Sur la panse, rochers fleuris et oiseaux : sur le col, lambrequins ornés.

Signé : *H. Zieremans 1757* . DMVET . N .

Haut., 22 cent.

60 — Pot de même forme, décor polychrome de style chinois, personnages dans un jardin fleuri et oiseaux. Sur le col et sur l'anse, lambrequins, fleurs et feuillages.

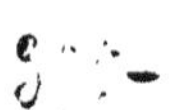

Haut., [illegible] cent.

61 — Flacon à thé de forme oblongue à angles coupés, décor polychrome à bouquets de fleurs.

Haut., 13 cent.

62 — Deux petites mules, décor polychrome à fleurs sur fond pointillé de bleu.

Long., 11 cent.

63 — Deux beurriers formés chacun d'une grappe de raisin noir décorée au naturel.

Haut., 7 cent. et [illegible] cent.

64 — Tire-lire en forme de vase à pans, décor polychrome à fleurs et entredeux à fleurs bleues. Signé : *H. V. den Bosch.*

Haut., 16 cent.

65 — Beurrier formé d'une grappe de raisin décorée au naturel et accompagné d'un plateau en forme de feuille.

Haut., 14 cent.

66 — Sucrière à saupoudrer de forme cylindrique, avec couvercle en dôme repercé à jour. Décor polychrome à fleurs, feuillages et ornements. Marque A . P. Monture en étain.

Haut., 18 cent.

67 — Deux petites potiches ovoïdes, décor polychrome, à paysages animés par des personnages, animaux et oiseaux. Sur l'épaulement, fleurs et animaux sur fond filigrané de bleu.

Haut., 165 millim.

68 — Petit cartel porte-montre composé d'ornements rocaille et décoré de manganèse.

Haut., 19 cent.

69 — Tire-lire en forme de vase à pans, décor bleu à paysage, fleurs et ornements. Elle est surmontée d'un petit personnage à costume jaune.

Haut., 29 cent.

FAIENCES DE DELFT

PLATS ET ASSIETTES A DÉCOR POLYCHROME

70 — Plat rond, décoré au fond et au pourtour de compartiments de paysages avec personnages en bleu et entredeux de fleurs arabesques en bleu et jaune sur fond jaune orangé.

Diam., 34 cent.

(*Collection de La Villestreux.*)

71 — Plat rond, décor polychrome de style chinois : au fond, femme dans un parc tenant un vase de fleurs ; au marli, jeté de fleurs et insectes.

Diam., 35 cent.

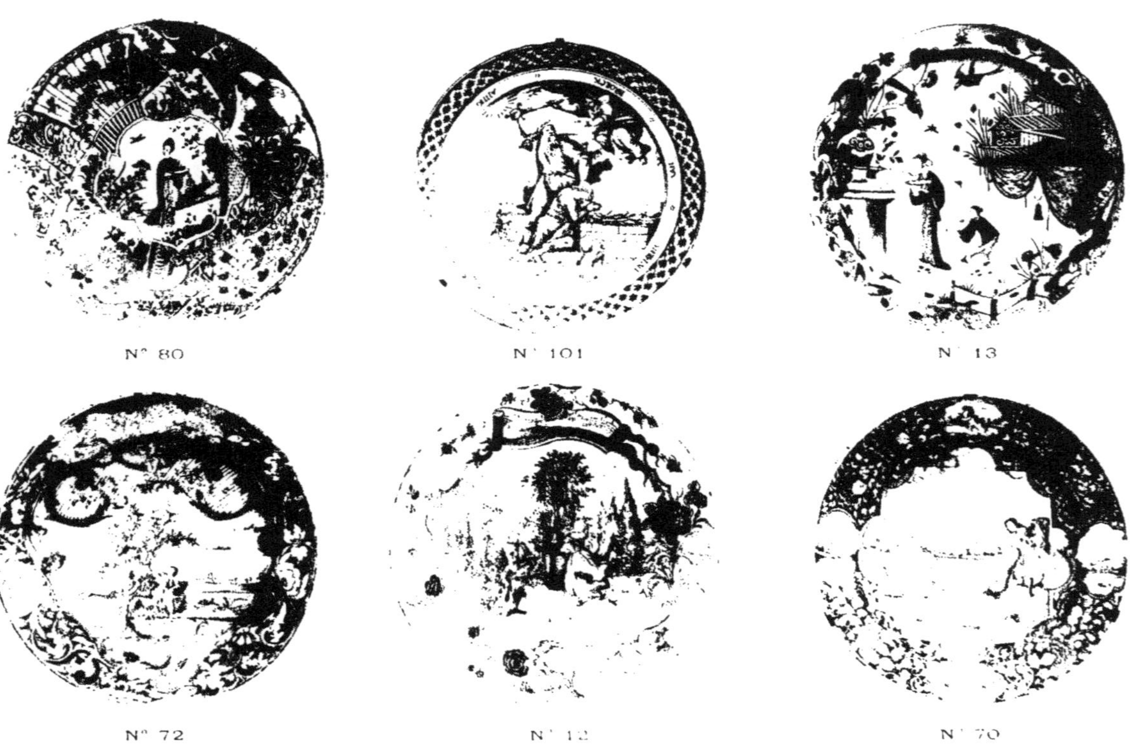

N° 80 — N° 101 — N° 13

N° 72 — N° 12 — N° 70

72 — Plat rond à médaillon de paysage avec figures en bleu et encadrement composé de fleurs et d'ornements polychromes sur fond rouge.

Diam., 34 cent.

73 — Plat rond, décor polychrome : au fond, rocher fleuri, oiseaux et chien de Fô ; au marli, quatre groupes de fleurs. Style chinois.

Diam., 34 cent.

74 — Plat à barbe, décor polychrome à compartiments, corbeilles de fleurs et encadrement à fond bleu.

Larg., 27 cent.

75 — Plat à barbe de décor analogue.

Larg., 27 cent.

76 — Trois assiettes, décor polychrome, l'une à paysage et cours d'eau, les autres à fleurs et ornements.

Diam., 23 cent.

77 — Cinq assiettes, décor polychrome. Au fond, médaillon de fleurs, au marli galon orné.

Diam., 23 cent.

78 — Plat rond, décor polychrome à rosace au centre ; au pourtour et au marli, fleurs et ornements en rouge et en vert.

Diam., 34 cent.

79 — Deux assiettes, décor polychrome : au fond, écusson armorié attaché à un arbre au pied duquel un chien est assis ; au marli, lambrequins ornés et feuillages.

Diam., 22 cent.

80 — Plat rond, décor polychrome de style chinois, couvert de compartiments de fleurs variées de formes, d'un vase de fleurs et offrant au centre une Chinoise debout dans un parc.

Diam., 34 cent.

81 — Deux plats ronds, décor polychrome : au fond, un vase de fleurs; au marli, lambrequins ornés et fleuris.

Diam., 35 cent.

82 — Plat rond, décoré en plein et en couleurs d'un rocher et de branches fleuries.

Diam. 31 cent.

83 — Plat rond, décor polychrome : au fond, femme debout et fleurs; au marli, couronne de fleurs.

Diam., 35 cent.

84 — Deux assiettes, décor polychrome. Au centre, léger dessin de branches fleuries et d'oiseaux. Au pourtour, motifs d'ornements et galons émaillés vert et jaune dans lesquels sont représentés des fleurs, des animaux et des oiseaux.

Diam., 22 cent.

85 — Assiette, décor polychrome, à fleurs rayonnantes.

Diam., 22 cent.

86 — Deux assiettes à fond bleuté, décor polychrome : au fond, rochers fleuris : au marli, lambrequins et fleurs.

Diam., 22 cent.

87 — Deux assiettes, décor polychrome en plein, rochers et arbustes fleuris.

Diam., 22 cent.

88 — Deux assiettes, décor polychrome : au fond, branche fleurie et oiseau ; au marli, quatre bouquets de fleurs avec papillons en entredeux.

Diam., 23 cent.

89 — Cinq assiettes, décor polychrome : au fond, médaillon circulaire avec haie fleurie ; au marli, ornements et quadrillages.

Diam., 23 cent.

FAIENCES DE DELFT

PIÈCES DE FORME A DÉCOR BLEU

90 — Vase en forme de courge, à panse sphérique, décor bleu à compartiments de fleurs, lambrequins et bandes à fond bleu. Signé P. K. (Pynacker).

Haut., 30 cent.

91 — Deux vases ovoïdes, décor bleu cachemire, à lambrequins et plantes.

Haut., 24 cent.

92 — Pot à une anse, décor bleu à paysage montagneux et couronne de fleurs autour du col. Il est signé *A. V. d. Loot, 1791.*

Cité par Henry Havard dans son *Histoire de la faïence de Delft.*

Haut., 19 cent.

93 — Deux flambeaux à base et tige carrées, décor bleu de style chinois à fleurs et ornements. L'un d'eux porte des armoiries. Marque A. K. (Pynacker).

Haut., 23 cent.

(Collection du docteur Mandl.)

94 — Deux salières carrées à godrons et à gorge, décor bleu à ornements, rinceaux et oiseaux.

Haut., 5 cent.

(Collection du docteur Mandl.)

95 — Deux beurriers ovales et couverts, décor bleu à fleurs et ornements.

Larg., 14 cent.

96 — Flacon à thé de forme carrée, décor bleu de style chinois à paysages, ornements et attributs.

Haut., 13 cent.

97 — Jardinière ovale à trois petites anses en torsades, décor bleu à médaillons, scènes d'intérieur, les personnages en costumes Louis XIV, et le fond couvert de génies et de fleurs.

Haut., 14 cent.

98 — Brosse à dessus de faïence, à décor bleu, à médaillons de paysages et fond quadrillé.

Long., 13 cent.

99 — Petite potiche ovoïde, décor bleu, à jeté de fleurs et oiseaux; sur l'épaulement, compartiments d'oiseaux et, dans les entredeux, fleurs réservées sur fond bleu.

Haut., 21 cent.

100 — Potiche ovoïde, à décor bleu composé de feuillages et de mascarons.

Haut., 26 cent.

FAIENCES DE DELFT

PLATS ET ASSIETTES A DÉCOR BLEU

101 — Plat rond exécuté à l'occasion d'une naissance, par Abraham de Kooge, décor bleu : au fond, le Sacrifice d'Abraham, avec, au pourtour, les noms de *Lijsie Hijmens Van Broeck* et la date de 1650; au marli, quadrilages et rosaces.

Cité par Henry Havard dans son *Histoire de la faïence de Delft.*

Diam., 32 cent.

102 — Quatre assiettes à décor bleu représentant des sujets ayant trait à divers corps de métier; au marli, inscription hollandaise se rapportant à chacun des sujets représentés.

Diam., 23 cent.

103 — Quatre assiettes à décor bleu : Marines en plein.

Diam., 22 cent.

104 — Quatre assiettes à décor bleu : Scènes diverses ayant trait au commerce du hareng.

Diam., 22 cent.

105 — Deux assiettes à décor bleu : au fond, femme assise dans un paysage et tenant une couronne ; au marli, lambrequins de style rouennais.

Diam., 22 cent.

106 — Deux assiettes, décor bleu à réseau et rosaces dans les entredeux.

Diam., 23 cent.

107 — Petit plat long à ornements en relief au bord, décor bleu à personnages dans un paysage.

Larg., 25 cent.

108 — Douze assiettes à décor bleu : au fond, sujets tirés de la Passion ; au marli, couronne d'ornements sur fond bleu. Au revers, inscriptions hollandaises donnant le verset correspondant de l'évangile selon saint Mathieu et marque en bleu : W. K. Ce lot pourra être divisé.

Diam., 26 cent.

109 — Deux assiettes à décor bleu : au fond, deux musiciens dans un paysage (joueur de flûte et chanteur ; au marli, quatre compartiments de marines et de paysages avec quadrillages et fleurs en entredeux.

Diam., 23 cent.

110 — Assiette, décor bleu : au fond, armoiries dans un large cartouche orné avec casque à cimier. Au dessous, le nom de *D. Harlees*. Lambrequins au marli.

Diam., 23 cent.

111 — Plat rond, décor bleu : au centre, buste de femme coiffée de plumes : au fond et au marli, feuillages et mascarons. A droite et à gauche du buste, les lettres P. W. D. 3.

Diam., 39 cent.

112 — Jatte à lait à deux anses et goulot, décor bleu à paysage et cours d'eau animés de personnages. Couvercle (malheureusement brisé) surmonté d'une grenouille émaillée vert en ronde bosse et orné à l'intérieur, d'un oiseau à tête humaine en bleu à inscription hollandaise et date de 1732.

Diam., 23 cent.

113 — Plat rond à poisson, décoré en bleu à l'intérieur et à l'extérieur, à médaillons de paysages dans des encadrements d'ornements et de fleurs. Il est à trois pieds et à deux anses.

Diam., 39 cent.

114 — Deux assiettes à décor bleu : au fond, paysage hollandais avec canal ; au marli, lambrequins fleuris et ornements.

Diam., 23 cent.

FAIENCES DE DELFT

GROUPES ET STATUETTES

115 — La Fortune. Statuette de femme nue debout, tenant une écharpe, sur base carrée, décorée d'ornements bleus. Marque V. E.

Haut., 39 cent.

116 — Deux statuettes : Diane et Mercure debout, décor polychrome de style rouennais. Au dessous, le chiffre 172 qui nous semble être une date incomplète.

Haut., 26 cent.

117 — Statuette d'homme jouant de la basse et assis sur un socle triangulaire. Décor polychrome.

Haut., 17 cent.

118 — Statuette de pâtre debout, sur un socle à gorge. Décor polychrome.

Haut., 16 cent.

N° 2

N° 5

N° 144

N° 134

N° 127

N° 127

N° 140

119 — Personnage couronné de pampres, à califourchon sur un tonneau et tenant une bouteille. Décor polychrome. Base adhérente à quatre pieds.

Haut., 40 cent.

120 — Statuette de génie ailé debout, sonnant de la trompe, sur base à trois griffes de lion. Décor polychrome.

Haut., 28 cent.

121 — Statuette de singe portant la sphère terrestre et reposant sur un socle à trépied. Décor bleu et rouge.

Haut., 16 cent.

122 — Statuette d'homme debout, coiffé d'un chapeau à plume. Décor polychrome.

Haut., 21 cent.

123 — Statuette de serviteur debout, portant une corbeille de fruits et reposant sur un socle oblong. Décor polychrome.

Haut., 20 cent.

124 — Statuette formant fontaine. Personnage assis vêtu d'une veste couverte de fleurs polychromes.

Haut., 32 cent.

125 — Deux statuettes d'hommes assis sur un tonneau et jouant l'un de la vielle, l'autre de la cornemuse. Décor polychrome.

Haut., [illegible] cent.

126 — Deux statuettes de paysans debout, tenant chacun des ustensiles de fumeur. Décor polychrome.

Haut., 28 cent.

127 — Deux statuettes à décor polychrome : Jeune Galant et sa compagne.

La statuette de femme est citée dans l'*Histoire de la faïence de Delft*, par Henry Havard.

Haut., 27 cent.

128 — Statuette de femme debout, tenant une corbeille de fleurs. Son corsage est bleu et sa robe couverte de fleurs polychromes.

Haut., 27 cent.

129 — Statuette de femme debout, portant un panier de fruits de son bras droit. Corsage jaune, jupe rehaussée de bleu et tablier semé de fleurettes polychromes. Sous le socle, la date de 1768.

Haut., 24 cent.

130 — Curieuse statuette d'Arlequin debout. Décor polychrome.

Haut., 20 cent.

131 — Statuette de personnage dont le costume est émaillé bleu et la tête entourée d'un carcan émaillé jaune. Calotte et chapeau violets, base marbrée.

Haut., 22 cent.

132 — Statuette semblable à celle qui précède.

Haut., 22 cent.

133 — Bout de table formé d'un personnage assis, tenant une coquille de chaque main. Chacune de ces coquilles porte la date de 1765. Décor polychrome. Marque C. B. en bleu.

Haut., 15 cent.

134 — Statuette de Chinois debout, son vêtement couvert de fleurs polychromes.

Haut., 28 cent.

135 — Statuette d'Arlequin. Décor polychrome.

Haut., 18 cent.

136 — Les Saisons. Quatre statuettes debout. Décor polychrome.

Haut., 22 cent.

137 — Statuette de paysan debout, portant une hotte de fruits et tenant une grappe de raisin. Décor polychrome.

Haut., 25 cent.

138 — Statuette de personnage assis, la jambe droite posée sur la gauche. Décor bleu. Marque A. K. en bleu.

Haut., 23 cent.

139 — Personnage assis sur un tonneau et jouant de la cornemuse. Décor polychrome.

Haut., 20 cent.

140 — Grande sonnette formée d'une statuette de femme assise à tête mobile dont le vêtement est couvert de branches fleuries sur fond bleu avec bordure à fond jaune.

Haut., [illegible] cent.

Collection du docteur Mandl.

141 — Statuette d'Hercule debout, décor bleu et rouge.

Haut., 28 cent.

142 — Deux statuettes de buveur et de jardinier debout, décorées de manganèse.

Haut., 25 cent.

143 — Statuette de l'Hiver; la barbe, la terrasse et divers ustensiles rehaussés de manganèse.

Haut., [illegible] cent.

144 — Cartel porte-montre composé de rosaces et de trois figurines de jeunes garçons, décor polychrome. On lit au-dessous : *Ciris.* Reproduit dans l'*Histoire de la faïence de Delft*, par Henry Havard.

Haut., 34 cent.

145 — Statuette de femme légèrement drapée et coiffée d'un chapeau garni de fleurs, portant une corbeille de fleurs. Décor polychrome.

Haut., 15 cent.

146 — Statuette : Personnage assis jouant du violon. Décor polychrome.

Haut., 24 cent.

147 — Statuette d'homme buvant à califourchon sur un tonneau qui forme fontaine. Décor bleu.

Haut., 29 cent.

148 — Statuette de personnage tenant son chapeau de la main droite et un verre de la gauche. Sur socle à trépied adhérent. Décor polychrome.

Haut., 17 cent.

149 — Petit groupe de deux Chinois. Décor bleu.

Haut., 12 cent.

150 — Statuette d'acteur debout tenant un bâton, à tête mobile coiffée d'un chapeau pointu. Décor bleu et rouge.

Haut., 26 cent.

151 — Trois statuettes représentant le Printemps, l'Été et l'Hiver, figurés par un enfant debout sur un socle triangulaire à gorge. Décor polychrome.

Haut., 38 cent.

152 — Statuette, décor polychrome : Vielleuse assise.

Haut., 12 cent.

153 — Petit groupe, décor polychrome : Jeune Femme et enfant.

Haut., 17 cent.

154 — Deux groupes composés chacun de deux figures allégoriques, l'une d'elles tenant une corne d'abondance. Décor polychrome.

Haut., 23 et 24 cent.

155 — Vache debout sur terrasse oblongue, décor polychrome à fleurs. Marque de Paulus van der Burch. P. V. B.5, en bleu. Cité par Henry Havard dans son *Histoire de la faïence de Delft*.

Haut., 16 cent.

(Collection du docteur Mandl.)

156 — Écritoire oblongue à pieds, à contours et surmontée d'un cartel porte-montre et de deux bougeoirs. Décor polychrome à fleurs et ornements rehaussés de rouge et de vert.

Haut., 27 cent.

157 — Ours debout muselé et tenant un bâton. Il est décoré de bleu, de manganèse et de vert.

Haut., 21 cent.

158 — Statuette de personnage accroupi décoré de bleu.

Haut., 17 cent.

159 — Pot à anse formé d'un singe assis tenant le goulot de ses deux pattes antérieures. Décor bleu; couvercle, anse et goulot rehaussés de jaune et de brun.

Haut., 22 cent.

160 — Singe assis jouant de la cornemuse. La terrasse et la tête sont décorées de bleu, le corps est émaillé violet et l'instrument est teinté de vert.

Haut., 19 cent.

161 — Petit buste de Pallas, décor polychrome, sur piédouche adhérent.

Haut., 21 cent.

162 — Petit buste de femme dont la draperie et le piédouche carré sont décorés d'ornements réservés sur fond bleu. Sur le support postérieur les lettres V. E. en bleu.

Haut., 19 cent.

163 — Deux chevaux debout et passant se faisant pendants, leur harnachement est polychrome et le dessus de la terrasse est émaillé vert. Marque L. P. K.

Haut., 29 cent.

164 — Deux vaches debout sur socles oblongs. Décor polychrome.

Haut., 11 cent.

165 — Beurrier formé d'un jeune garçon assis sur une chèvre couchée formant boite. Décor vert et manganèse.

Haut., 13 cent.

166 — Deux petites chèvres debout se faisant pendants. Marque à la pipe.

Haut., 12 cent.

167 — Petit groupe : Jeune Garçon à califourchon sur une chèvre. Décor polychrome.

Haut., 15 cent.

168 — Deux beurriers ovales décorés de fleurs polychromes avec couvercles formés chacun d'un groupe : Enfant et chèvre, et accompagnés de plateaux ovales à bords gaufrés de feuillages émaillés vert.

Hauteur totale, 16 cent.

169 — Chien debout décoré de manganèse sur terrasse oblongue émaillée vert.

Haut., 11 cent.

170 — Petit groupe : Chien assis devant sa niche. Décor polychrome.

Haut., 8 cent.

171 — Deux groupes à décor polychrome. L'un d'eux, composé de quatre personnages, représente la Cueillette de fruits ; l'autre, à trois personnages, le Repos.

Haut., 24 et 25 cent.

172 — Boite simulant un berceau dans lequel sont un enfant couché et un chat, décor polychrome. Cette pièce est accompagnée d'un plateau ovale à bordure ajourée émaillée jaune et décoré au centre d'une branche de fleurs en rouge.

Hauteur du berceau, 12 cent.
Largeur du plateau, 19 cent.

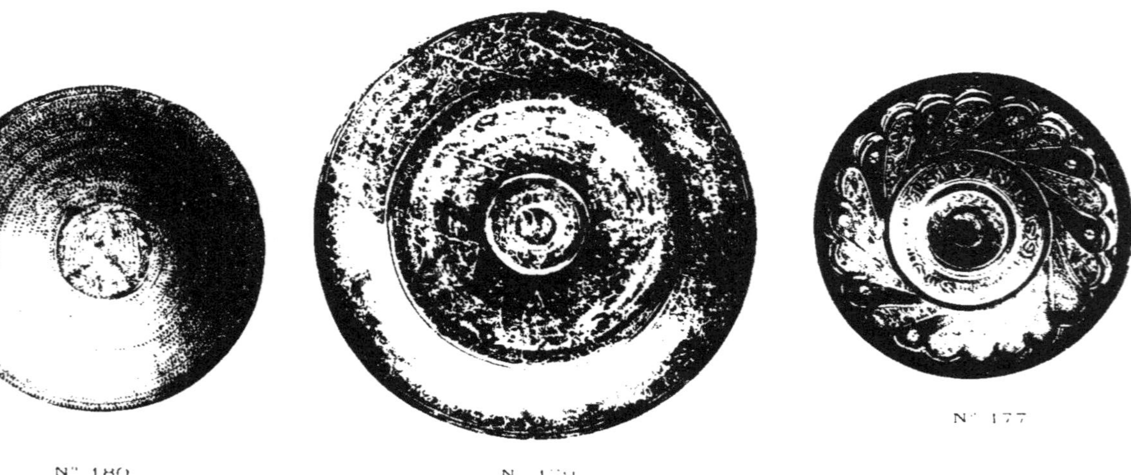

N° 180

N 1[illegible]

N° 177

173 — Deux petits groupes composés chacun d'une figurine d'enfant assis sur un siège fermé du devant et surmonté d'un dossier ajouré. Décor polychrome.

Haut., 125 millim.

174 — Petit groupe : Enfant poussant un tonneau. Décor polychrome.

Haut., 11 cent.

175 — Deux petits groupes : Jeune Garçon et Jeune Fille sur des chèvres couchées. Décor polychrome.

Haut., 12 cent.

176 — Deux presse-papiers formés chacun d'une pomme avec feuilles décorées au naturel.

FAIENCES HISPANO-MAURESQUES

177 — Plat rond à ombilic entouré d'une inscription simulée et de godrons en spirale au marli. Décor à reflets métalliques rehaussés d'un filet bleu.

Diam., 38 cent.

178 — Plat rond à décor à reflets métalliques ; au centre, écusson portant un lion héraldique. Au pourtour, diverses couronnes d'ornements variés et bossettes au marli.

Diam., 48 cent.

179 — Très grand plat rond couvert d'un riche décor à reflets métalliques, malheureusement un peu effacés.

Diam., 57 cent.

180 — Plat rond à décor à reflets métalliques. Au fond, un aigle aux ailes éployées, et au pourtour, dessin vermiculé très soigné.

Diam., 43 cent.

181 — Plat rond à arêtes et pois saillants et à décor à reflets métalliques. Au centre, un écusson armorié, et au pourtour, fond vermiculé.

Diam., 45 cent.

182 — Petit plat rond décoré d'un animal héraldique et de fleurs à reflets métalliques sur fond crème.

Diam., 20 cent.

183 à 185 — Trois plats à feuilles gaufrées en relief et à décor à reflets métalliques. Ils seront vendus séparément.

Diam., 38 cent.

186 — Plat rond décoré en plein du double aigle à reflets métalliques sur fond feuillu.

Diam., 38 cent.

187 à 194 — Huit plats à décor à reflets métalliques variés de dessins et de dimensions. Ils seront vendus séparément.

195 à 198 — Quatre plats à décor à reflets métalliques rehaussés de bleu, variés de dessins et de dimensions. Ils seront vendus séparément.

199 — Deux cadres contenant chacun quatre azulejos à dessins en relief rehaussés de bleu et de reflets métalliques.

200 — Plat à ombilic à feuilles gaufrées en relief au marli et à décor à reflets métalliques, rehaussé de bleu.

Diam., 38 cent.

201 — Plat rond analogue à celui qui précède, mais sans rehauts de bleu.

Diam., 40 cent.

202 — Plat rond à décor à reflets métalliques rouge-cuivreux, oie, taureau et feuillages.

Diam., 40 cent.

203 — Plat rond à étoile et feuilles gaufrées en relief. Décor à reflets métalliques mordorés.

Diam., 40 cent.

204 — Fabrique de Manissés. Deux vases de forme ovoïde allongée, décorés d'ornements à reflets métalliques cuivreux.

Haut., 22 et 23 cent.

FAIENCES ESPAGNOLES

205 — Faience espagnole. Tableau représentant le sujet de la mort de la Vierge en couleurs et composé de trente carreaux. xvie siècle.

Haut., 68 cent.; Larg., 82 cent.

206 — Faience espagnole. Tableau représentant la communion d'un saint personnage en décor polychrome et composé de vingt-quatre carreaux. xvie siècle.

Haut., 84 cent.; Larg., 56 cent.

207 — Fabrique de Talavera. Grand vase couvert à panse ovoïde sur pied bas et à deux anses, décor polychrome à sujets de chasse.

Haut., 65 cent.

FAIENCES ITALIENNES

208 — Faience de Milan. Petit plat décoré à l'imitation de la famille rose de Chine. Au fond, large écusson d'armoiries; à la chute, compartiments de fleurs reliés par des bandes roses et vertes quadrillées. Au marli, quatre motifs fleuris et galon au bord. Au revers: *Milano* et les initiales F. C. reliées par un monogramme inconnu.

Diam., 26 cent.

209 — Faience de Castelli. Deux tasses profondes décorées de personnages dans des paysages.

Haut., 75 millim.

210 — Faience de Faenza. Écritoire ornée d'un groupe en ronde bosse: Saint Georges portant l'armure et terrassant le dragon. Décor polychrome. xvie siècle.

Haut., 26 cent.; Larg., 25 cent.

211 — Faience de Castel-Durante. Pot de pharmacie ovoïde à anse et goulot orné d'un mascaron, décor de feuillages bleus.

Haut., 26 cent.

212 — Faience de Savone. Hanap à décor bleu. Au pourtour, figures de Vénus et de l'Amour dans un paysage.

Haut., 21 cent.

213 — Faience de Trévise. Deux assiettes à bords festonnés. Au fond, écusson d'armoiries en bleu; au pourtour, en décor polychrome, quatre petits paysages et fleurs en entredeux.

Diam., 24 cent.

214 — Faience italienne. Pot à une anse formé d'un buste de femme portant une urne et panse ornée de deux peaux de lions en relief, rehaussé de vert et décoré d'un trépied en camaïeu brun.

Haut., 30 cent.

FAIENCES ALLEMANDES ET AUTRES

215 — Modèle de poêle en faïence allemande, décoré de médaillons de paysages et semé de fleurettes polychromes.

Haut., 25 cent.

216 — Ménagère formée d'un paysan assis sur une terrasse sur laquelle reposent également deux récipients couverts simulant l'osier. Décor polychrome.

Haut., 13 cent.

217 — Groupe. Jardinière debout portant des fruits dans son tablier. Un chien est assis à ses pieds. Décor polychrome.

Haut., 27 cent.

218 — Pot à un anse en faïence de Rhodes, à décor de fleurs émaillées en couleurs.

Haut., 24 cent.

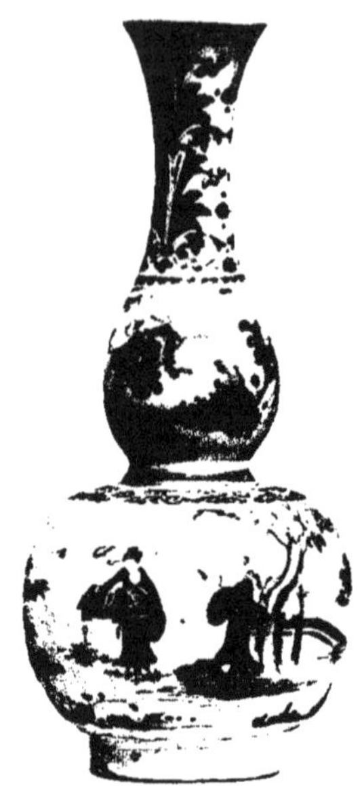

N° 220

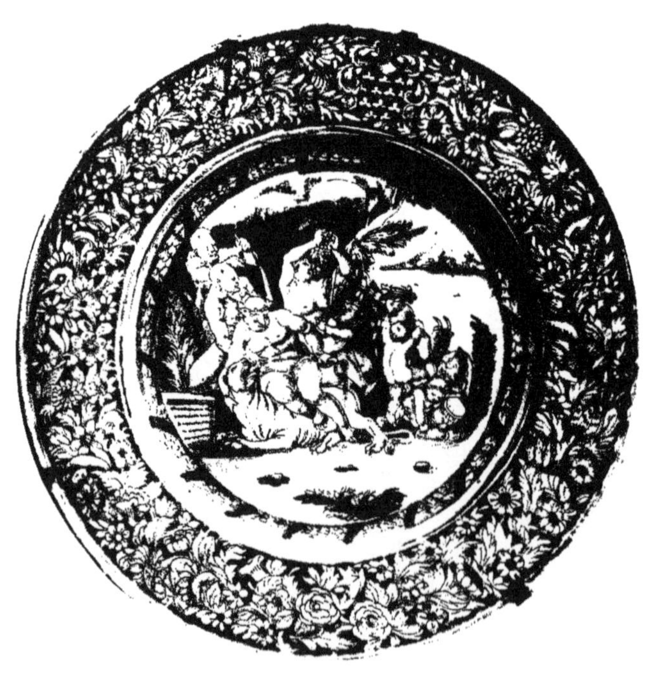

N° 219

FAIENCES FRANÇAISES

FAIENCES DE NEVERS

219 — Très grand plat rond, à décor bleu et traits de manganèse : au fond, scène de bacchanale composée de huit figures et d'animaux. Au marli, large couronne de fleurs sur fond bleu.

Diam., 56 cent.

220 — Vase en forme de courge à panse sphérique et long col : décor bleu et manganèse de style chinois, paysages avec personnages.

Haut., 59 cent.

221 — Cruche à panse sphérique et anse à torsades : décor bleu et manganèse à médaillons de paysages avec personnages sur la panse et fleurs au col.

Haut., 32 cent.

222 — Petit groupe : la Vierge portant l'Enfant Jésus. Décor bleu et jaune.

Haut., 21 cent.

223 — Les Saisons : quatre petits bustes d'hommes et de femmes, décor polychrome.

Haut., 34 cent.

224 — Groupe, décor polychrome : la Vierge debout portant l'Enfant Jésus. Sur la face de la base l'inscription : *Sta Maria*. Sur les côtés les noms de *Marie Follot*.

Haut., 39 cent.

225 — Gourde piriforme aplatie garnie de quatre attaches, décor bleu de style chinois, paysages, personnages, fleurs et quadrillages

Haut., 37 cent.

226 — Vase en forme de balustre, décor bleu de style chinois, groupe de personnages dans un paysage.

Haut., 32 cent.

227 — Pichet, décor polychrome à paysage et sujets de personnages ayant trait à la vendange. Dans le bas, diverses pièces de vers à la louange de Bacchus.

Haut., 35 cent.

228 — Grand groupe, décor polychrome : Saint Jean-Baptiste assis au pied d'un tronc d'arbre. Il tient une coquille et a deux moutons près de lui. Cette pièce forme jardinière.

Haut., 35 cent.; larg., 41 cent.

229 — Médaillon ovale offrant en bas-relief le buste de profil du roi Louis XIV rehaussé de bleu, de jaune et de manganèse.

Haut., 38 cent.

FAIENCES DE ROUEN

DÉCOR POLYCHROME

230 — Assiette à bords festonnés, décor polychrome en plein, branches fleuries et barque sur cours d'eau, montée par deux Chinois.

231 — Assiette à bords festonnés, décor polychrome. Au fond, corbeille de fleurs; au marli, compartiments quadrillés reliés par des guirlandes de fleurs et de fruits.

232 — Deux assiettes à bords festonnés, décor polychrome au fond, deux canards sur terrasse et branches fleuries; au marli, trois arbustes fleuris, avec insectes et petite branche en entredeux.

233 — Assiette à bords festonnés, décor polychrome au *carquois*.

234 — Plat rond à bords festonnés, décor polychrome à la *double corne.*

Diam., 29 cent.

235 — Assiette à bords festonnés, décor polychrome : au fond, la Vierge, debout, tenant le sceptre et portant l'Enfant Jésus. Au-dessous, les noms de : *Marie-Anne Fleureau*, et la date de 1763. Au marli, feuillages rayonnants.

Diam., 24 cent.

236 — Plat long à contours, décor polychrome à la *double corne.*

Long., 43 cent.

237 — Grand plat rond à contours, décor polychrome à la *double corne.*

Diam., 49 cent.

238 — Quatre assiettes à contours, décor polychrome *à la corne.*

239 — Deux compotiers à bords festonnés et à huit pans, décor polychrome *à la corne.*

240 — Quatre assiettes à bords festonnés, décor polychrome : au centre, une branche de fleurs ; au marli, lambrequins ornés et fleurettes en entredeux.

241 — Assiette à bords festonnés, décor polychrome en plein, branches fleuries, perroquet et insectes.

242 — Deux lions à demi-couchés tenant un écusson, décor polychrome, terrasse bleue.

Haut., 17 cent.

243 — Pichet, décor polychrome a lambrequins et guirlandes. Il porte le nom de : *Georges G.*, et la date 1756.

Haut., 27 cent.

244 — Pichet, décor polychrome à lambrequins et retombées de fleurs.

Haut., 22 cent.

FAIENCES DE ROUEN

DÉCOR BLEU ET ROUILLE

245 — Cache-pot cylindrique à côtes et à deux anses, décor polychrome à lambrequins ornés, reliés par des motifs de ferronnerie et des retombées.

Haut., 16 cent.

246 — Petite gourde à pans et à panse sphérique, décor bleu et rouille à corbeilles de fleurs et bandes bleues à coquilles.

Haut., 21 cent.

247 — Petit pot couvert à une anse, décoré de galons et d'une branche de fleurs en bleu et rouille. Monture en étain. Marque G. S. en bleu. (Guillibeau Sinceny ?).

Haut., 7 cent.

248 — Porte-huilier oblong à pans et anses à mascarons, décor bleu et rouille à fleurs et ornements.

Larg. 25 cent.

249 — Grand plat rond, décor bleu et rouille : au centre, corbeille de fleurs sur des rinceaux feuillagés ; au marli et à la chute, lambrequins ornés et coquilles rayonnant.

Diam., 55 cent.

250 — Grand plat rond, décor bleu et rouille ; au centre, vase conique d'où s'échappent des fleurs et support quadrillé bordé de rinceaux ; au marli et à la chute, motif rayonnant à lambrequins ornés reliés par des guirlandes à coquilles.

Diam., 55 cent.

FAIENCES DE ROUEN

DÉCOR BLEU

251 — Assiette à décor bleu : au centre, écusson de ferronnerie surmonté d'une couronne comtale. Au marli et à la chute, corbeilles de fleurs, coquilles et fleurons.

252 — Assiette à décor bleu : au fond, une rosace à fond bleu, dans une couronne de feuilles; au marli, lambrequins à coquilles et palmettes.

253 — Grand plat long à pans, décor bleu : au fond, corbeille de fleurs sur un motif de ferronnerie : au marli, double galon d'ornements.

Larg., 48 cent.

254 — Sucrière en forme de vase-balustre à pans, décor bleu à lambrequins et coquilles.

Haut., 2[illegible] cent.

255 — Poudrier carré, décor bleu à sujets chinois et motifs de ferronnerie.

Haut., 6 cent.

FAIENCES DE MARSEILLE

256 — Assiette à bords festonnés, décor polychrome composé d'un jeté de branches fleuries.

257 — Plat rond à bords festonnés, décor polychrome à fleurs et offrant au bord une petite couronne de feuillages verts.

Diam., 32 cent.

258 — Quatre assiettes à marli ajouré, décor polychrome à bouquet de fleurs et insectes au fond. Les ornements du marli sont rehaussés d'émail vert et de fleurons rouges. Marque V. P. (Veuve Perrin.)

Diam., 24 cent.

259 — Corbeille ovale à deux anses à pourtour ajouré décoré de roses et de feuillages polychromes. A l'intérieur, un bouquet de fleurs. Marque V. P. (Veuve Perrin.)

Larg., 32 cent.

260 — Fontaine-applique couverte, formée de rocailles à décor polychrome et offrant en ronde-bosse le Triomphe de Neptune, composé de la statuette du dieu conduisant deux chevaux marins.

Haut., 47 cent.

FAIENCES DE MOUSTIERS

261 — Assiette à bords festonnés, décor polychrome, composé de trois bouquets de fleurs et d'un papillon.

262 — Plat long à contours, décor polychrome, à figures d'amours dans un paysage, oiseau et fleurs.

Larg., 37 cent.

263 — Plat long à contours, décor polychrome : au fond, bouquet de fleurs ; au marli et à la chute, bouquets rayonnant.

Larg., 36 cent.

264 — Plat long à contours, décor polychrome : au fond, bouquet de fleurs ; au marli, guirlandes de fleurs et fleurettes.

Larg., 39 cent.

265 — Assiette à bords festonnés, décor polychrome : au fond, Jason à la conquête de la Toison d'or ; au marli, jeté de fleurs.

Diam., 24 cent.

266 — Assiette à bords festonnés, décor polychrome : au centre, dans une couronne de fleurs, Minerve et des amours sur des nuages ; au marli et à la chute, guirlandes de fleurs et fleurons en entredeux.

Diam., 25 cent.

267 — Deux assiettes à bords festonnés, décor polychrome : dans un paysage, personnages en costumes orientaux se livrant à divers exercices. Les terrasses et les nuages sont marbrés.

268 — Petit plat rond, décor polychrome : au fond, Diane chasseresse au repos dans un paysage, bordé d'ornements rocaille : à la chute, quatre motifs d'ornements et entredeux à fleurettes.

Diam., 27 cent.

269 — Assiette à bords festonnés, décor polychrome, à jeté de branches fleuries ; bordure à hachures en manganèse.

270 — Assiette à bords festonnés, décor polychrome : au fond, branches de fleurs ; au marli, six branches de roses séparées par des fleurettes.

271 — Sucrière en forme de vase balustre à pans, à couvercle adhérent, décor bleu composé d'ornements très fins dans le goût de Bérain.

Haut., 21 cent.

272 — Sucrière analogue à celle qui précède, mais de forme carrée, à angles coupés.

Haut., [illegible] cent.

273 — Deux plats oblongs à contours, décor bleu, dans le goût de Bérain.

Long., [illegible] cent.

274 — Plat rond, décor bleu, dans le goût de Bérain, à bustes, figurine d'enfant et ornements.

Diam., 28 cent.

275 — Plat oblong à contours, décor bleu, dans le goût de Bérain, buste et ornements. Au marli, motif de dentelle.

Long., [illegible] cent.

FAIENCES DE LORRAINE ET AUTRES

276 — Chocolatière en faïence de Lorraine (?) en forme de balustre à côtes en spirale, décoré de bouquets de fleurs polychromes et à bec et manche composés d'ornements rocaille rehaussés de carmin.

Haut., 19 cent.

277 — Bout de table en faïence de Lorraine formé d'une statuette de femme assise tenant deux coquilles, décor polychrome, les coquilles bordées de hachures carmin.

Haut., 13 cent.

278 — Statuette de jardinier debout, décor polychrome.

Haut., 23 cent.

279 — Statuette de femme debout en faïence, allégorie de l'Été.

Haut., 22 cent.

280 — Deux statuettes : marquis et marquise assis sur des troncs d'arbre formant vide-poche. Décor polychrome.

Haut., 18 cent.

281 — Porte-huilier oblong à contours, composé de branches feuillues rehaussées de carmin et à petits médaillons ronds décorés de paysages et encadrés d'un petit filet d'or. Marque composée du chiffre F. P. et aussi des lettres S. A. Saint-Amand.

Larg., 26 cent.

282 — Grand groupe de trois figures sur terrasse à base marbrée. Scène tirée de l'histoire de Bélisaire, décor polychrome.

Haut., 35 cent ; larg., 30 cent.

283 — Plat triangulaire à angles arrondis et rentrants, décor polychrome à fleurs. Il est accompagné d'une cloche surmontée d'une pomme et de feuillages en ronde bosse et les deux pièces sont décorées de jetés de fleurs polychromes.

Diam., 28 cent.